AH!

QUELLE PITIÉ.

AH!

QUELLE PITIÉ.

PETITE ÉPITRE A JACQ. DELILLE.

Un papillon souffrant lui fait verser des larmes.
GILBERT, XVIII siècle, satire.

A PARIS,

Chez DABIN, libraire, Palais du Tribunat.

AN XI. — 1803.

AH! QUELLE PITIÉ.

Beau perroquet du cigne de Mantoue,
Toi dont la muse ici-bas fait la roue,
Mais montre un peu, pour te le dire au vrai,
L'orgueil du paon, et la plume du geai,
Permettras-tu qu'en d'innocentes rimes,
Innocemment je fronde tes maximes,
Et qu'en riant je découvre au lecteur
L'atrocité de ton sensible cœur ?
Cœur, qu'ai-je dit ? Sens-tu donc en toi-même
Ce feu divin, cette flamme suprème
Que l'Éternel alluma de sa main ?
Ce nœud de feu serre le genre humain,
Met en commun sa peine, sa misère ;
Par lui le riche est souffrant dans son frère.
O pur instinct de notre égalité,
Philantropie, ardente charité,
Viens de tes feux, viens embraser mon ame !
Un cœur s'épure aux rayons de ta flamme.
Sentiment faux, flétrissante Pitié,
Fuyez, mon cœur est tout à l'amitié ;
Oui, sans compter le rang ou la richesse,
Homme, tout homme obtiendra ma tendresse.

Or sus, l'Abbé, vantez-nous dans vos vers
Ces émigrés, de notre sang couverts ;
D'illustres noms enrichissez vos rimes ;

Pleurez, pleurez sur de grandes victimes :
Des grands déchus, plus grands sont les malheurs; ¹
Et le bon ton vous demande des pleurs.
N'en versez point sur des sujets vulgaires ;
D'autres ont peint les douleurs populaires. ²
Mais vous , l'Abbé, dans un brillant sallon ,
Toujours fêté, votre altier Apollon
Peut-il souiller une lyre élégante ,
En nous chantant l'humanité souffrante?
Quoi! les sanglots , les pleurs des malheureux
Peuvent-ils donc fournir un vers heureux ?
Dieu , pour souffrir a créé la canaille ;
Des rangs lui-même il classe chaque maille. ³
Le gougeon fut créé pour les brochets ;
Il fit les rois pour manger les sujets.
Etouffons bien le cri de la nature ,
Pleurons des maux, mais des maux en peinture; ⁴
Poussin , Danloux, l'ingénieux Hogart,
Pour vous toucher ont épuisé leur art.
Là , mons Danloux , dans la fosse fatale ,
Ensevelit une douce vestale;
Ici Poussin peint Moïse au berceau,
Les flots du Nil grondent sous son pinceau:
Pleurez, tremblez , une vague écumante
Peut engloutir la victime innocente.
Sus déplorez le sort d'Aliboron;
Le bras tendu , ce ruste fanfaron ,
Du fouet sanglant lui caresse l'échine ,
Ou bien tressant un léger nœud d'épine ,
L'enfant malin, pour réveiller son pas ,

Va le lui mettre où je ne dirai pas :
Du doux Hogart, peinture attendrissante,
Vous attristez l'ame compatissante
Du chantre heureux des modernes jardins,
Qui, roucoulant sur le ton des serins,
Du naturel loin d'être l'interprète,
Redit les airs d'après la serinette.
Par lui Virgile est peint en prestolet,
En rabat fin, même en petit colet ;
Son Apollon chamarré de livrée,
Singe, valet, n'a pas une pensée :
A la sottise il brûle son encens ;
Pour les flatter il court après les grands.

Seule, pleurant dans une tour obscure,
Une victime est couverte de bure,
Abandonnée, elle n'a qu'un seul bien,
Qu'un seul ami, cet ami c'est son chien.
Voyez-vous pas Delille avec adresse
Me demander le nom de la maîtresse ?
C'est ANTOINETTE... Il rime avec orgueil,
Sur les malheurs du royal épagneul ;
En vers pompeux fait son apothéose,
Et sur le marbre, où sa cendre repose,
Il veut tracer des vers doux et touchans
Pour le sujet et l'honneur de ses chants. 5

Mais ces enfans de la race africaine,
Dont nos forfaits ont concentré la haine,
Et qui, courbés sous le poids de leurs maux,
Se sont armés pour punir leurs bourreaux,
Tigres sanglans altérés de vengeances,

Voulant aux leurs égaler nos souffrances,
Bravant encor nos armes et nos lois ;
Si comme *nous ils ont les mêmes droits*, [6]
Charmant Abbé, pourquoi dans leurs entraves
Prétendrais-tu remettre des esclaves ?
Pourquoi parler avec un ton mielleux
D'abus, des droits que nous avions sur eux ?
Crois-moi, laissons aux gouvernans du monde
De leur destin la question profonde :
Très-gauchement tu commis un faux pas.
Quand un moyen te tirait d'embarras,
Pour ton honneur il eût fallu te taire,
Et c'est aussi ce qu'il me reste à faire.

FIN.

NOTES.

[1] M. l'Abbé Delille a dit en parlant des grands :

Plus leur bonheur fût grand, plus grands sont leurs malheurs !
LA PITIÉ, CHANT III.

[2] Mais pourquoi s'arrêter à des malheurs vulgaires,
Assez d'autres ont peint les douleurs populaires.

[3] Delille, après avoir dit dans le premier chant de son poëme :

Il est de la pitié de plus dignes objets,
Que dieu fit NOS ÉGAUX, et le sort NOS SUJETS.

Ajoute, après un intervalle de deux vers, cette étrange contradiction :

Non que je veuille ici, prêchant l'égalité,
Dissoudre les liens de la société :
Dieu lui-même des rangs créa la chaîne immense.

Ce sont ces derniers vers que nous avons voulu commenter dans notre texte.

[4] Delille a dit, chant premier :

..... Du malheur la touchante peinture
Exerce son pouvoir sur l'ame la plus dure.
Nous pleurons quand Poussin de son adroit pinceau
Peint les jours menacés de Moïse au berceau.
Nous pleurons quand Danloux, dans la fosse fatale,
Plonge vivante encor sa charmante vestale.

Plus loin, en parlant du peintre Hogart, il nous dit :

.... Sa main compatissante

Traça des animaux l'histoire attendrissante.

Qui croirait que le même poète, dans un poème où il devrait naturellement prêcher pour l'abolition de la peine de mort, ajoute, après une tirade qui semble tendre à ce but, ces vers atroces dans la bouche du chantre de la Pitié.

Ou s'il faut par sa mort que le crime s'expie,
Ah ! préparez son cœur ; sur cette tête impie
Que la grace divine épanche ses trésors,
Et sauvez au moins son ame en NOUS livrant son corps :
Dieu lui-même en pitié prend déja la victime ;
Dieu chérit la vertu, mais mourut pour le crime.
CHANT II.

Ce rapprochement rappelle ces vers de Gilbert :

Vous me parlez d'Iris, chacun la prône et l'aime,
C'est un cœur, mais un cœur, c'est l'humanité même.
Si d'un pied étourdi quelque jeune éventé
Frappe en courant son chien qui jappe épouvanté,
Le voilà qui se meurt de tendresse et d'alarmes.
Un papillon souffrant lui fait verser des larmes :
Il est vrai. Mais aussi qu'à la mort condamné,
Lally soit en public à l'échafaud traîné,
Elle ira la première à cette horrible fête
Acheter le plaisir de voir tomber sa tête..
XVIII Siècle, satire.

⁵ Delille a dit, en parlant du chien de la reine, chant premier.

Sois donc et le sujet et l'honneur de mes chants,
O toi qui, consolant ta royale maîtresse,
Jusqu'au dernier soupir lui prouvas ta tendresse,

Et plus bas il veut bien se rétracter en faveur du chien illustre, de ce qu'il avait dit dans le Poème des Jardins.

> Mais moi qui proscrivis leurs honneurs funéraires,
> J'implore un monument pour des cendres si chères.

6 Différens de couleurs ils ont les mêmes droits.

CHANT I.

7 En parlant des troubles de Saint-Domingue, et de la férocité des nègres, Delille dit, chant premier :

> Qui peut avoir causé ces fléaux désastreux ?
> Quelques abus des droits que vous aviez sur eux.

Malheur au cœur froid qui ne sent pas l'atrocité de ces deux vers. Ah ! M. Delille, Quelle Pitié !!!

FIN.

www.ingramcontent.com/pod-product-compliance
Lightning Source LLC
LaVergne TN
LVHW022252030726
842520LV00009B/2686